THE MEDINAH ARABIC COURSE
FOR CHILDREN

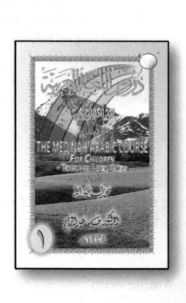

دُرُوسُ اللُّغَةِ الْعَرَبِيَّةِ
لِغَيْرِ النَّاطِقِينَ بِهَا
لِلْأَطْفَالِ

The Medinah Arabic Course
for Children
- TEXTBOOK LEVEL ONE -

TAHA ARABIC BOOKS (KT 0294726-K)

ISBN : 978-967-0428-01-7

This particular book of mine, '*The Medinah Arabic Course For Children : TEXTBOOK LEVEL ONE*' may be photocopied as the mere using of it renders it un-usable. With respect to this, and without having to resort to adding 'consequential actions' such as stating :

> *"This book is copyright protected. Those found guilty of copying will be drawn and quartered."*

...or likewise (which normally comes at the author's copyright page), I would like instead to ask for simple common respect for the author's hard work–often years–in mind. So, that being said : *If you need to photocopy this book for extra exercises for yourself or your students then please do so.* No, you *cannot* re-print the book (or portions of it) and sell it under a new name. No, you *cannot* download a copy from the internet, nor upload it to the internet. But, yes, feel free to photocopy your personal copy for learning and as long as you intend to learn from it, or teach it to others.

Please visit both Dr V. Abdur Rahim's website for the Arabic Language, and particularly mine for additional material and tips relating to calligraphy, the Arabic Language, teaching methodology as well as a complete teacher's guide (كِتَابُ الْمُعَلِّمِ) for the seven-book children's series :

www.DrVaniya.com ***www.Taha-Arabic.com***

Shukran! !شُكْرًا Thank you!

مَعْلُوماتُ الدَّارِسِ/الدَّارِسَةِ

ٱسْمُ التِّلْمِيذِ/التِّلْمِيذَةِ : ________________________________

الْعُنْوانُ : ________________________________

____

____

____

ٱسْمُ الْمَدْرَسَةِ : ________________________________

ٱسْمُ الْأُسْتاذِ/الْأُسْتاذَةِ : ________________________________

الْفَصْلُ : ________________________________

السَّنَةُ : ________________________________

رَقْمُ الْهاتِفِ : ________________________________

مَعْلُوماتٌ أُخَرُ شَخْصِيَّةٌ

____

____

____

____

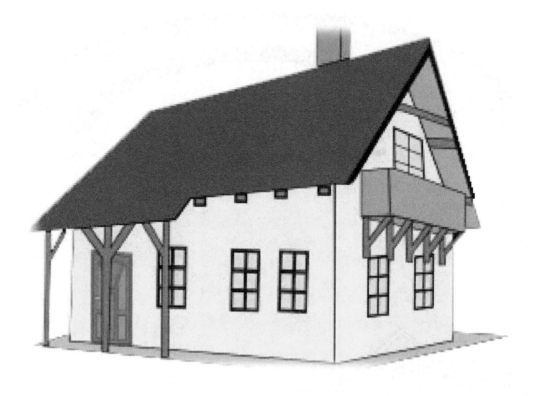

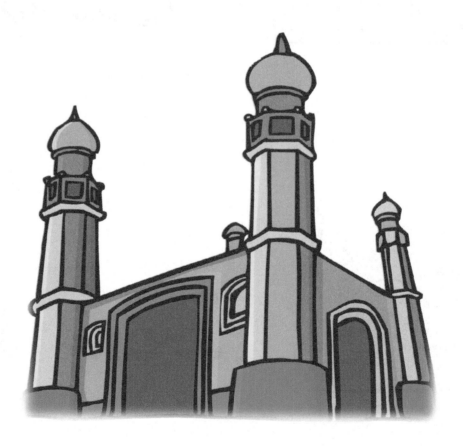

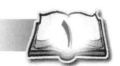

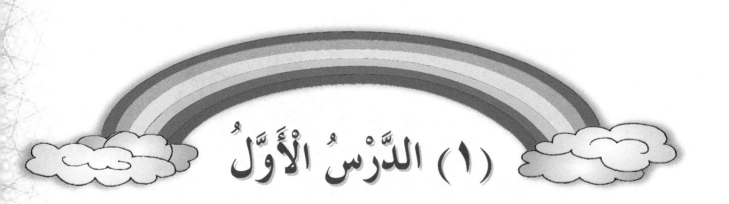

(١) الدَّرْسُ الأَوَّلُ

هٰذا بَيْتٌ.

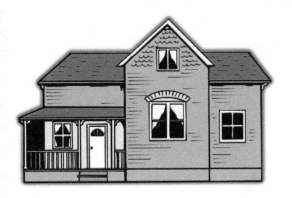

هٰذا مَسْجِدٌ.

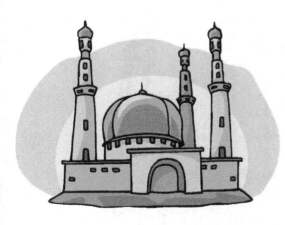

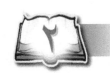

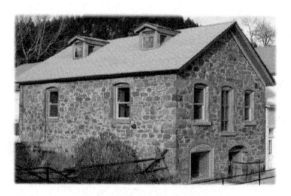

مَا هٰـذا؟   هٰـذا بَيْتٌ.

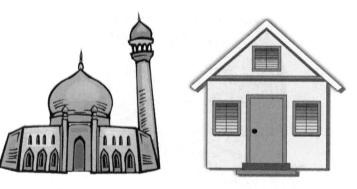

هٰـذا بَيْتٌ، وَهٰـذا مَسْجِدٌ.

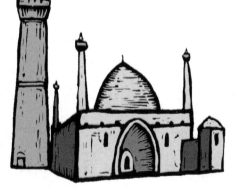

مَا هٰـذا؟   هٰـذا مَسْجِدٌ.

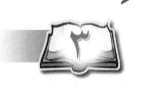

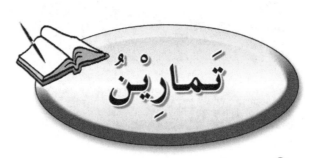

تَمارِيْنُ

١ اِقْرَأْ (اِقْرَئِي) :

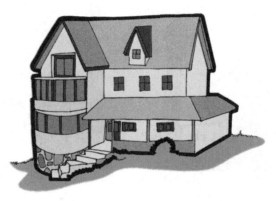

(١) ما هٰذا؟ هٰذا بَيْتٌ.

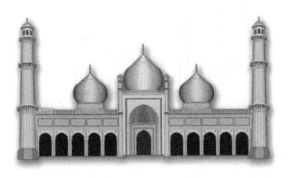

(٢) ما هٰذا؟ هٰذا مَسْجِدٌ.

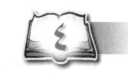

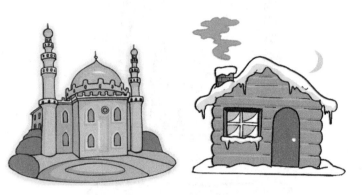

(٣) هٰذا بَيْتٌ، وَهٰذا مَسْجِدٌ.

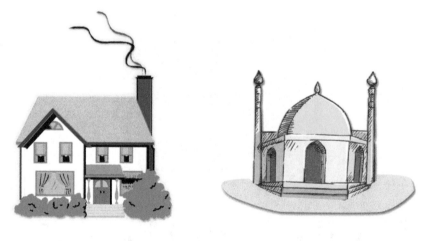

(٤) ما هٰذا، وَما هٰذا؟

هٰذا مَسْجِدٌ، وَهٰذا بَيْتٌ.

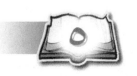

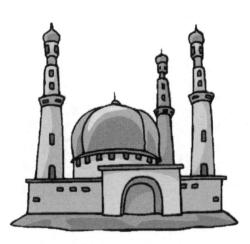

(٥) ما هٰذا؟ هٰذا مَسْجِدٌ.

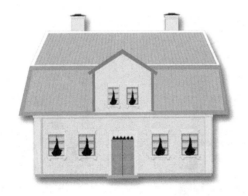

(٦) وَما هٰذا؟ هٰذا بَيْتٌ.

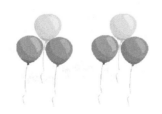

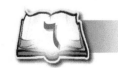

٢ ٱقْرَأْ وَلَوِّنْ (ٱقْرَئِي وَلَوِّنِي) :

(١) هٰذا بَيْتٌ، وَهٰذا مَسْجِدٌ.

(٢) ما هٰذا؟ هٰذا بَيْتٌ.

(٣) هٰذا مَسْجِدٌ، وَهٰذا بَيْتٌ.

(٤) وَما هٰذا؟ هٰذا مَسْجِدٌ.

٣ أُكْـتُـبْ (أُكْـتُـبِـي) الْحَـرْفَ الصَّحِـيحَ فِي كُلِّ فَـراغٍ :

(١) مَسْـ......ـدٌ

(٢) بَـيْـ.......

(٣) هـٰـ......ا

(٤) مَـ......ـجِدٌ

٤ لَوِّنْ (لَوِّنِي) هٰذِهِ الصُّورَةَ :

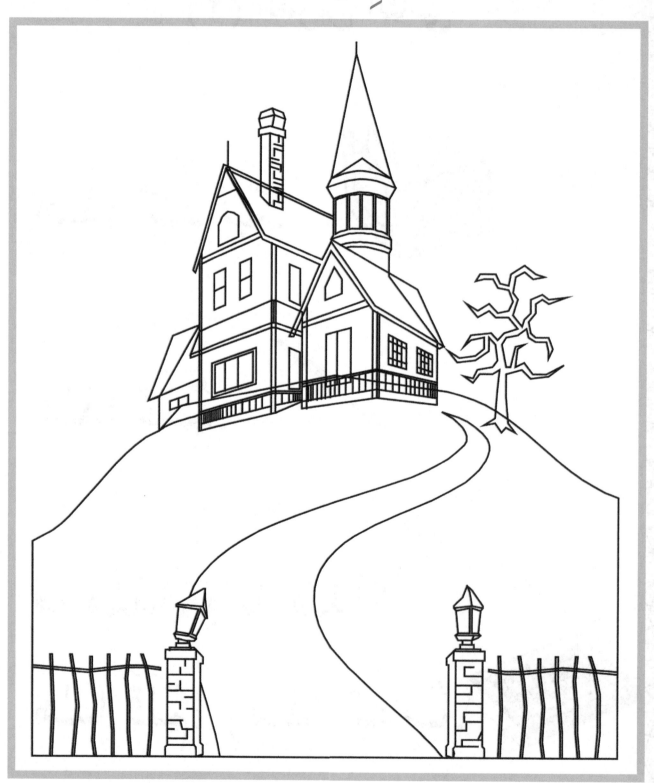

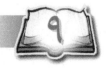

(٢) الدَّرْسُ الثَّانِي

هٰذا كِتابٌ.

هٰذا قَلَمٌ.

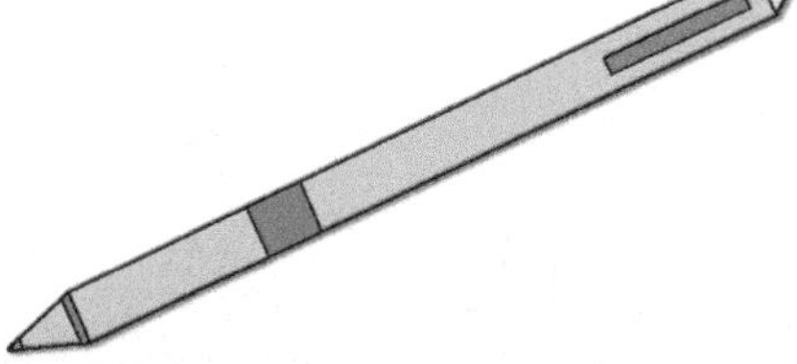

ما هٰذا، وَما هٰذا؟

هٰذا قَلَمٌ، وَهٰذا كِتابٌ.

تَمارِيْنُ

١ اِقْرَأْ (اِقْرَئِي) :

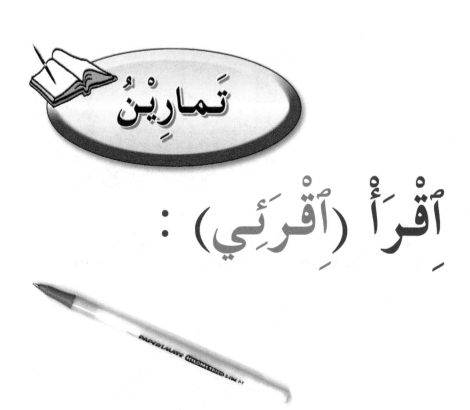

(١) ما هـٰذا؟ هـٰذا قَلَمٌ.

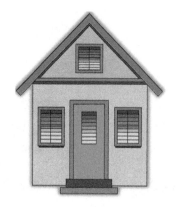

(٢) وَما هـٰذا؟ هـٰذا بَيْتٌ.

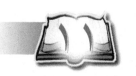

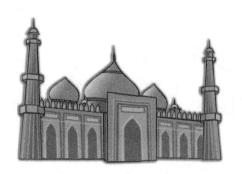

(٣) ما هٰذا؟ هٰذا مَسْجِدٌ.

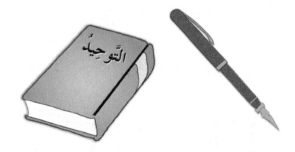

(٤) هٰذا قَلَمٌ، وَهٰذا كِتابٌ.

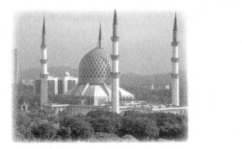

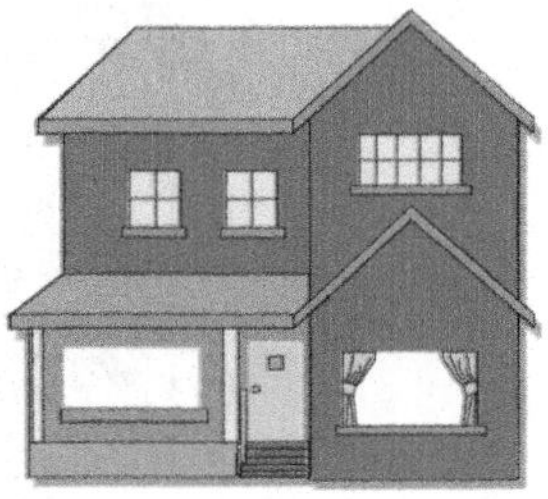

(٥) هٰذا بَيْتٌ، وَهٰذا مَسْجِدٌ.

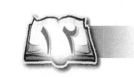

٢ اِقْرَأْ وَلَوِّنْ (اِقْرَئِي وَلَوِّنِي) :

(١) ما هٰذا؟   هٰذا قَلَمٌ.

(٢) هٰذا كِتابٌ، وَهٰذا قَلَمٌ.

(٣) ما هٰذا؟   هٰذا بَيْتٌ.

(٤) وَما هٰذا؟   هٰذا مَسْجِدٌ.

٣ أُكْتُبْ (أُكْتُبِي) الْحَرْفَ الصَّحِيحَ فِي كُلِّ فَرَاغٍ :

(١) قَلَـ.......

(٢) ....ـتابٌ

(٣) بَـ......ـتٌ

(٤) ....ـسْجِدٌ

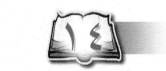

٤ لَوِّنْ (لَوِّنِي) هٰـذِهِ الصُّورَةَ :

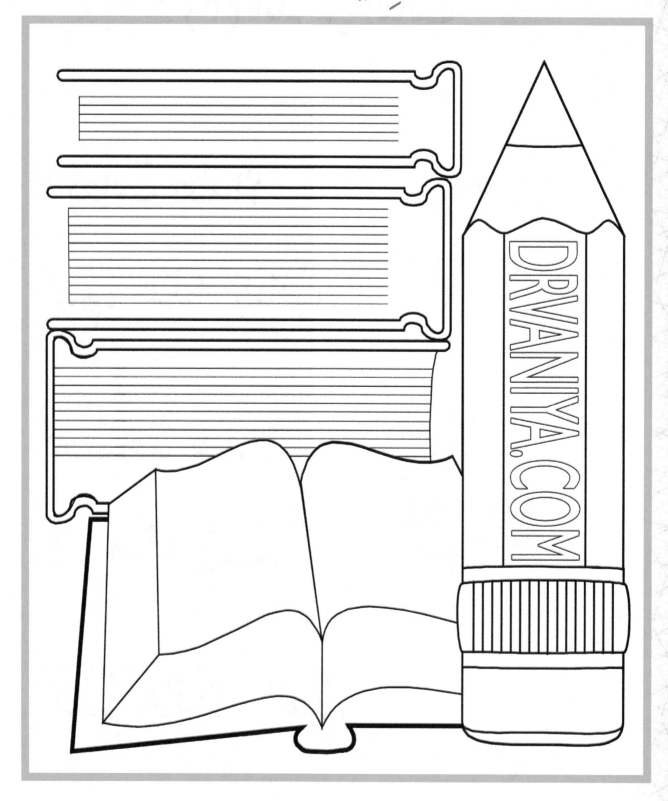

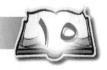

(٣) الدَّرْسُ الثَّالِثُ

أَكِتابٌ هٰذا؟

نَعَمْ، هٰذا كِتابٌ.

أَمَسْجِدٌ هٰذا؟

لا، هٰذا بَيْتٌ.

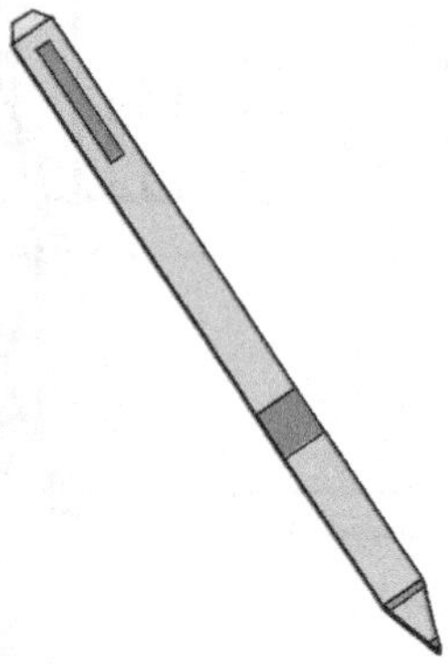

أَقَلَمٌ هٰذا؟ نَعَمْ.

تَمارِيْنُ

١ اِقْرَأْ (اِقْرَئِي) :

(١) هٰذا بَيْتٌ.

(٢) أَبَيْتٌ هٰذا؟ لا، هٰذا مَسْجِدٌ.

(٣) وَما هٰذا؟ هٰذا قَلَمٌ.

(٤) هٰذا كِتابٌ، وَهٰذا قَلَمٌ.

(٥) أَبَيْتٌ هٰذا؟   نَعَمْ، هٰذا بَيْتٌ.

(٦) أَكِتابٌ هٰذا؟   لا، هٰذا قَلَمٌ.

(٧) ما هٰذا؟   هٰذا مَسْجِدٌ.

٢ ضَعْ (ضَعِي) «✓» أَوْ «✗» فِي الْفَرَاغِ :

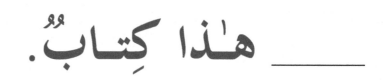

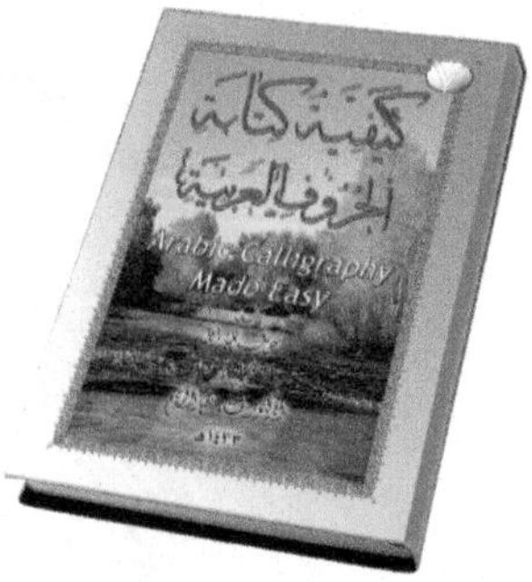

____ هٰذا كِتابٌ.

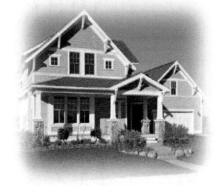

____ هٰذا مَسْجِدٌ.

____ هٰذا قَلَمٌ.

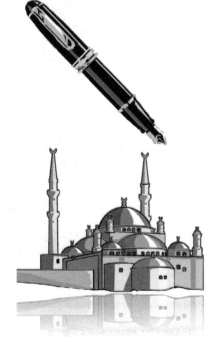

____ هٰذا بَيْتٌ.

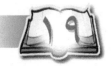

٣ صِلْ (صِلِي) بَيْنَ الصُّوَرِ وَالْجُمَلِ :

● هٰذا بَيْتٌ.

● ما هٰذا؟ هٰذا قَلَمٌ.

● هٰذا كِتابٌ.

● أَمَسْجِدٌ هٰذا؟ نَعَمْ.

٤ لَوِّنْ (لَوِّنِي) هـٰذِهِ الصُّورَةَ :

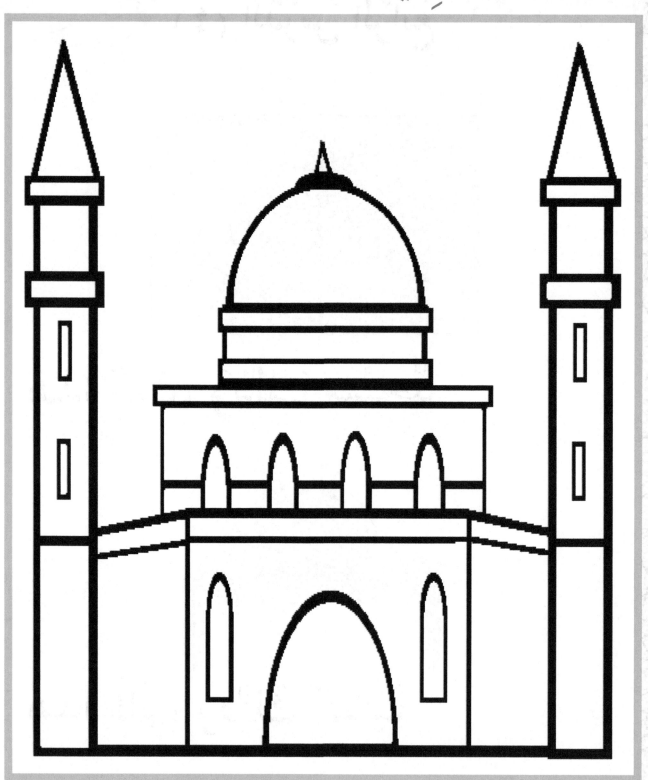

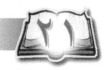

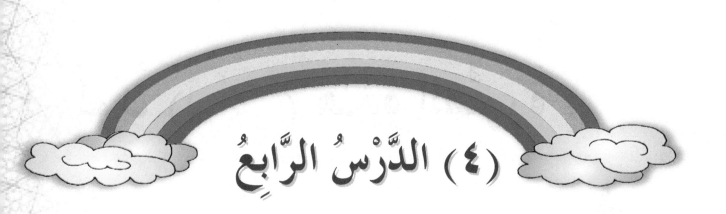

(٤) الدَّرْسُ الرَّابِعُ

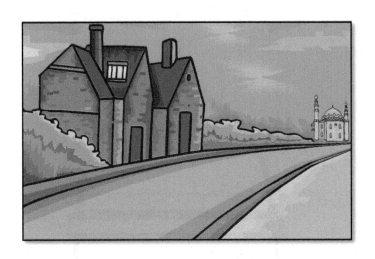

هٰذا بَيْتٌ، وَذٰلِكَ مَسْجِدٌ.

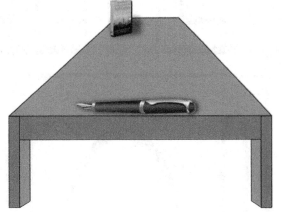

هٰذا قَلَمٌ، وَذٰلِكَ كِتابٌ.

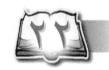

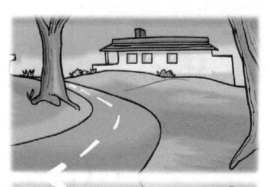

أَمَسْجِدٌ ذٰلِكَ؟ لا، ذٰلِكَ بَيْتٌ.

ما ذٰلِكَ؟ ذٰلِكَ قَلَمٌ.

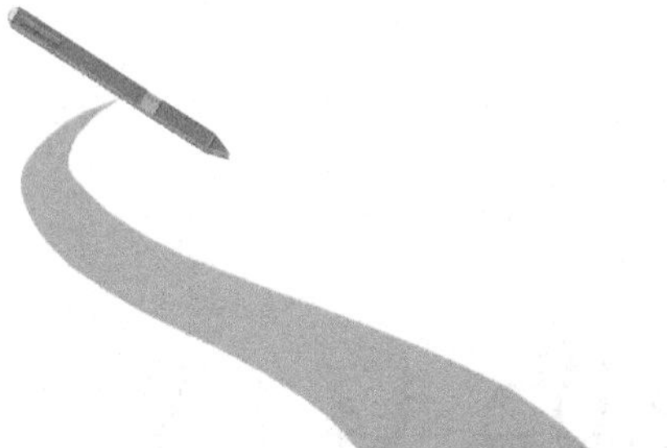

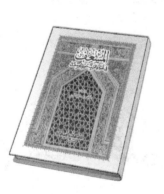

أَكِتابٌ هٰذا؟ نَعَمْ.

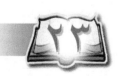

تَمارِيْنُ

١ اِقْرَأْ (اِقْرَئِي) :

(١) أَقَلَمٌ هٰذا؟ لا، هٰذا كِتابٌ.

(٢) ما ذٰلِكَ؟ ذٰلِكَ مَسْجِدٌ.

(٣) هٰذا كِتابٌ.

(٤) هٰذا قَلَمٌ، وَذٰلِكَ كِتابٌ.

(٥) أَبَيْتٌ ذٰلِكَ؟   نَعَمْ، ذٰلِكَ بَيْتٌ.

(٦) ذٰلِكَ بَيْتٌ، وَهٰذا مَسْجِدٌ.

(٧) ما هٰذا، وَما ذٰلِكَ؟
هٰذا كِتابٌ، وَذٰلِكَ قَلَمٌ.

(٨) هٰذا بَيْتٌ، وَذٰلِكَ مَسْجِدٌ.

٢ ضَعْ (ضَعِي) ‹‹هٰذا›› أَوْ ‹‹ذٰلِكَ›› فِي الْفَراغِ :

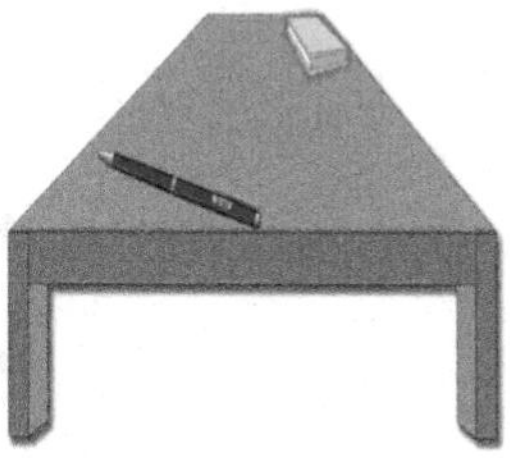

(١) _____ قَلَمٌ، وَ _____ كِتابٌ.

(٢) ما _____؟ _____ مَسْجِدٌ.

(٣) أَكِتابٌ _____؟ نَعَمْ.

(٤) _____ بَيْتٌ، وَ _____ مَسْجِدٌ.

٣ أُكْـتُـبْ (أُكْـتُـبِـي) الْحَـرْفَ الصَّحِـيحَ فِي كُلِّ فَـراغٍ :

(١) ....لَـمٌ

(٢) بَيْـ.......

(٣) مَسْجِـ.......

(٤) كِـ.......ـابٌ

(٥) ذَلِـ.......

٤ ضَعْ (ضَعِي) «نَعَمْ» أَوْ «لا» فِي الْفَراغِ :

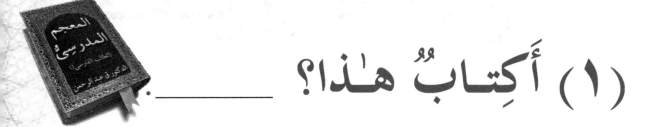

(١) أَكِتابٌ هٰذا؟ _____ .

(٢) أَقَلَمٌ هٰذا؟ _____ .

(٣) أَبَيْتٌ هٰذا؟ _____ .

(٤) أَمَسْجِدٌ هٰذا؟ _____ .

٥ رَتِّبِ (رَتِّبِي) الْكَلِماتِ كَما فِي الْمِثالِ :

- الْمِثالُ : أَ ○ قَلَمٌ ○ نعَمْ. ○ ؟ ○ هٰذا

أَقَلَمٌ هٰذا؟ نَعَمْ.

- هٰذا ○ هٰذا ○ بَيْتٌ ○ مَسْجِدٌ. ○ وَ

- أَ ○ لا. ○ ذٰلِكَ ○ ؟ ○ كِتابٌ

- أَ ○ نَعَمْ. ○ مَسْجِدٌ ○ ؟ ○ ذٰلِكَ

٦ صِلْ (صِلِي) بَيْنَ الصُّوَرِ وَالْجُمَلِ :

- ذٰلِكَ بَيْتٌ.

- هٰذا مَسْجِدٌ.

- أَكِتابٌ هٰذا؟ نَعَمْ.

- ما ذٰلِكَ؟ ذٰلِكَ قَلَمٌ.

٧ لَوِّنْ (لَوِّنِي) هٰذِهِ الصُّورَةَ :

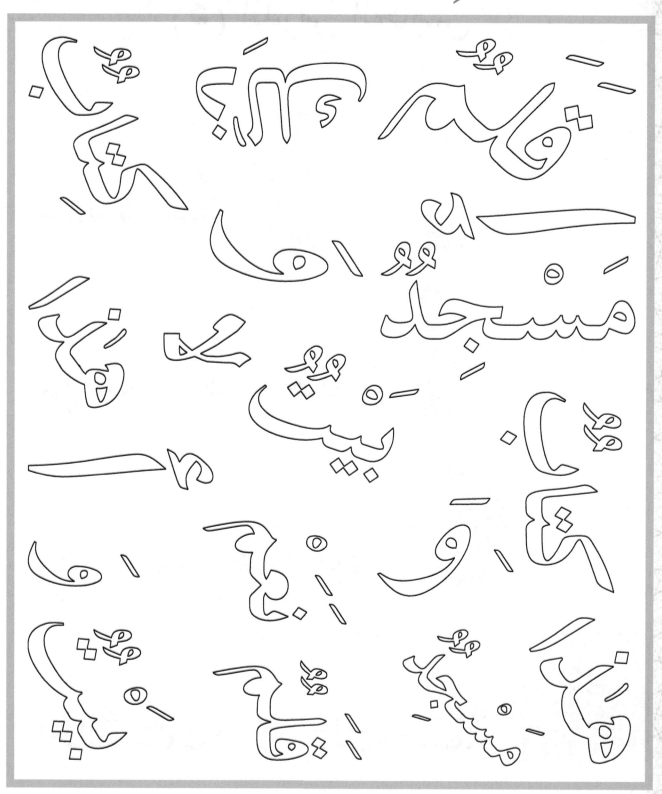

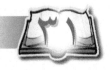

(٥) الدَّرْسُ الْخامِسُ

هٰذِهِ فاطِمَةُ.

مَنْ هٰذا؟ هٰذا خالِدٌ.

وَمَنْ هٰذِهِ؟ هٰذِهِ آمِنَةُ.

أَخالِدٌ ذٰلِكَ؟ لا، ذٰلِكَ مُحَمَّدٌ.

تَمارِيْنُ

١ اِقْرَأْ (اِقْرَئِي) :

(١) هٰذِهِ آمِنَةُ، وَهٰذِهِ فاطِمَةُ.

(٢) ما ذٰلِكَ؟ ذٰلِكَ بَيْتٌ.

(٣) مَنْ هٰذا؟ هٰذا مُحَمَّدٌ.

(٤) أَمَسْجِدٌ هٰذا؟ نَعَمْ.

(٥) أَكِتابٌ هٰـذا؟ نَعَمْ.

(٦) مَنْ ذٰلِكَ؟ ذٰلِكَ خالِدٌ.

(٧) أَقَلَمٌ ذٰلِكَ؟ لا، ذٰلِكَ كِتابٌ.

(٨) مَنْ هٰـذا، وَمَنْ هٰـذِهِ؟

هٰـذا مُحَمَّدٌ، وَهٰـذِهِ فاطِمَةُ.

٢ صِلْ (صِلِي) بَيْنَ الصُّوَرِ وَالْجُمَلِ :

- هٰذا خَالِدٌ.
- هٰذا بَيْتٌ.
- أَقَلَمٌ هٰذا؟ نَعَمْ.
- مَنْ هٰذِهِ؟ هٰذِهِ آمِنَةُ.
- ذٰلِكَ مُحَمَّدٌ.

٣ ضَعْ (ضَعِي) «هٰذا» أَوْ «هٰذِهِ» فِي كُلِّ فَراغٍ :

(١) ما ____؟ ____ كِتابٌ.

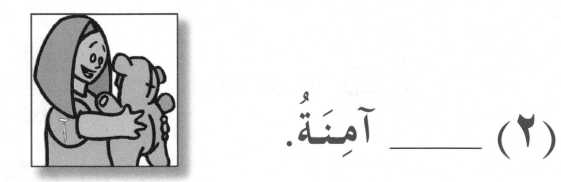

(٢) ____ آمِنَةُ.

(٣) مَنْ ____؟ ____ مُحَمَّدٌ.

(٤) أَآمِنَةُ ____؟ لا، ____ فاطِمَةُ.

٤ ضَعْ (ضَعِي) «ما» أَوْ «مَنْ» فِي كُلِّ فَراغٍ :

(١) ــــ هٰذا؟   هٰذا كِتابٌ.

(٢) ــــ هٰذا؟   هٰذا خالِدٌ.

(٣) وَ ــــ ذٰلِكَ؟   ذٰلِكَ قَلَمٌ.

(٤) ــــ هٰذِهِ؟   هٰذِهِ فاطِمَةُ.

(٦) الدَّرْسُ السَّادِسُ

هٰذِهِ عائِشَةُ، وَتِلْكَ فاطِمَةُ.

مَنْ هٰذا، وَمَنْ ذٰلِكَ؟

هٰذا عارِفٌ، وَذٰلِكَ مُحَمَّدٌ.

مَنْ هٰذِهِ، وَمَنْ تِلْكَ؟

هٰذِهِ آمِنَةُ، وَتِلْكَ عائِشَةُ.

مَنْ هٰـذا، وَمَنْ هٰذِهِ؟

هٰذا عارِفٌ، وَهٰذِهِ آمِنَـةُ.

مَنْ ذٰلِكَ، وَمَنْ تِلْكَ؟

ذٰلِكَ خالِدٌ، وَتِلْكَ عائِشَةُ.

تَمارِيْنُ

١ اِقْرَأْ (اِقْرَئِي) :

(١) أَآمِنَةُ تِلْكَ؟ لا، تِلْكَ فاطِمَةُ.

(٢) مَنْ هٰذا؟ هٰذا مُحَمَّدٌ.

(٣) ما هٰذا، وَما ذٰلِكَ؟

هٰذا كِتابٌ، وَذٰلِكَ قَلَمٌ.

(٤) أَبَيْتٌ هٰذا؟ نَعَمْ، هٰذا بَيْتٌ.

(٥) ما ذٰلِكَ؟   ذٰلِكَ مَسْجِدٌ.

(٦) هٰذا عارِفٌ، وَهٰذِهِ فاطِمَةُ.

(٧) أَعائِشَةُ تِلْكَ؟   لا، تِلْكَ آمِنَةُ.

(٨) هٰذِهِ فاطِمَةُ. مَنْ تِلْكَ؟   تِلْكَ عائِشَةُ.

(٩) مَنْ هٰذا؟   هٰذا خالِدٌ.

٢ أُكْتُـبِ (أُكْتُبِـي) الْحَـرْفَ الصَّحِـيحَ فِي كُلِّ فَـراغٍ :

(١) عارِ......

(٢) مَسْجِـ......

(٣) آمِـ......ـةُ

(٤) ......ـاطِمَةُ

(٥) تِلْـ......

(٦) عَا......ـشَةُ

(٧) ......ِلكَ

(٨) قَـ......ـمٌ

(٩) خَـ......ـلِدُ

(١٠) نَـ......ـمْ

٣ ضَعْ (ضَعِي) «ذٰلِكَ» أَوْ «تِلْكَ» فِي كُلِّ فَراغٍ :

(١) ما ــــــ؟ ــــــ مَسْجِدٌ.

(٢) مَنْ تِلْكَ؟ أَآمِنَةُ ــــــ؟

لا، ــــــ فاطِمَةُ.

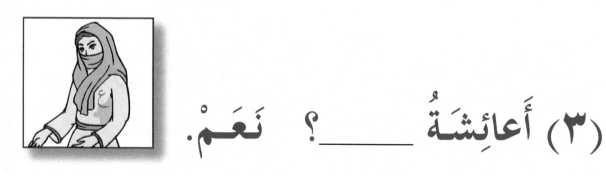

(٣) أَعائِشَةُ ــــــ؟ نَعَمْ.

(٤) ــــــ خالِدُ، وَــــــ فاطِمَةُ.

٤ صِلْ (صِلِي) بَيْنَ الْأَسْئِلَةِ وَالْأَجْوِبَةِ :

أَمَسْجِدٌ ذٰلِكَ؟	ذٰلِكَ عارِفٌ.
أَعائِشَةُ هٰذِهِ؟	هٰذا كِتابٌ.
مَنْ تِلْكَ؟	نَعَمْ، ذٰلِكَ مَسْجِدٌ.
مَنْ ذٰلِكَ؟	لا، هٰذِهِ آمِنَةُ.
ما هٰذا؟	تِلْكَ فاطِمَةُ.

٥ اِقْرَأْ ولَوِّنْ (اِقْرَئِي ولَوِّنِي) :

(١) تِلْكَ فاطِمَةُ.

(٢) هٰذا خالِدٌ، وَذٰلِكَ مُحَمَّدٌ.

(٣) هٰذِهِ عائِشَةُ. مَنْ تِلْكَ؟

(٤) هٰذا كِتابٌ، وَذٰلِكَ قَلَمٌ.

(٥) أَمَسْجِدٌ ذٰلِكَ؟ نَعَمْ.

(٧) الدَّرْسُ السَّابِعُ

هٰذا مَكْتَبٌ، وَذٰلِكَ كُرْسِيٌّ.

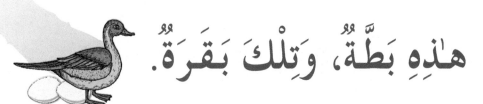

هٰذِهِ بَطَّةٌ، وَتِلْكَ بَقَرَةٌ.

ما هٰذا؟ هٰذا كُرْسِيٌّ.

أَبَقَرَةٌ هٰذِهِ؟ لا، هٰذِهِ بَطَّةٌ.

تَمارِيْنُ

١ اِقْرَأْ (اِقْرَئِي) :

(١) ما ذٰلِكَ؟ ذٰلِكَ كُرْسِيٌّ.

(٢) هٰذِهِ عائِشَةُ، وَتِلْكَ فاطِمَةُ.

(٣) هٰذا مَكْتَبٌ، وَهٰذا قَلَمٌ.

(٤) أَبَطَّةٌ هٰذِهِ؟ لا، هٰذِهِ بَقَرَةٌ.

(٥) مَنْ ذٰلِكَ، وَمَنْ تِلْكَ؟
ذٰلِكَ مُحَمَّدٌ، وَتِلْكَ آمِنَةُ.

(٦) أَمَكْتَبٌ ذٰلِكَ؟   نَعَمْ، ذٰلِكَ مَكْتَبٌ.

(٧) وَما تِلْكَ؟   تِلْكَ بَقَرَةٌ.

(٨) ما هٰذا؟ أَكُرْسِيٌّ هٰذا؟
نَعَمْ، هٰذا كُرْسِيٌّ.

٢ رَتِّبِ (رَتِّبِي) الْكَلِماتِ الْآتِيَةَ :

- هٰـذا ○ وَ ○ مَكْتَبٌ ○ كُرْسِيٌّ. ○ هٰـذا

- مَنْ ○ عائِشَةُ. ○ تِلْكَ ○ ؟ ○ تِلْكَ

- أَ ○ لا. ○ ذٰلِكَ ○ ؟ ○ خالِـدٌ

- بَطَّةٌ ○ بَقَرَةٌ. ○ وَ ○ هٰـذِهِ ○ هٰـذِهِ

- ذٰلِكَ ○ عارِفٌ ○ فاطِمَةُ. ○ تِلْكَ ○ وَ

٣ ضَعْ (ضَعِي) «ذٰلِكَ» أَوْ «تِلْكَ» فِي كُلِّ فَراغٍ :

(١) ______ مُحَمَّدٌ. (٦) أَفاطِمَةُ ______؟

(٢) ______ بَقَرَةٌ. (٧) ______ كُرْسِيٌّ.

(٣) ______ قَلَمٌ. (٨) أَبَطَّةٌ ______؟

(٤) ______ مَسْجِدٌ. (٩) ______ مَكْتَبٌ.

(٥) مَنْ ______؟ ______ آمِنَةُ.

٤ ما هٰذا؟ / ما هٰذِهِ؟

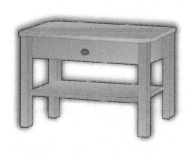

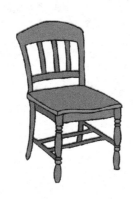

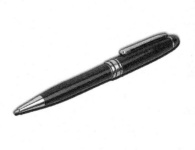

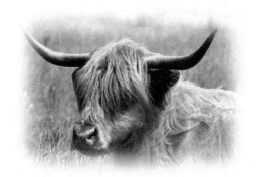

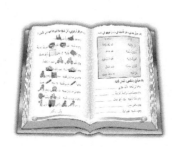

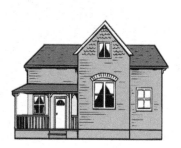

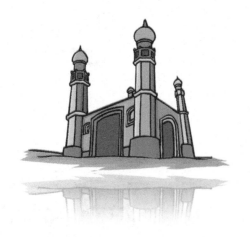

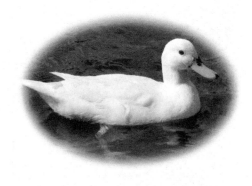

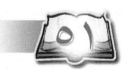

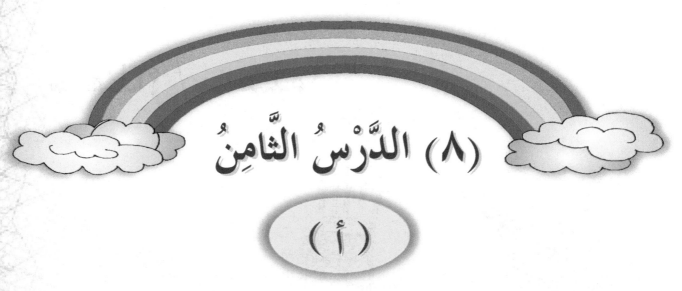

(٨) الدَّرْسُ الثَّامِنُ

(أ)

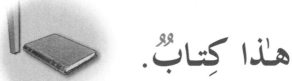

هٰذا كِتابٌ.

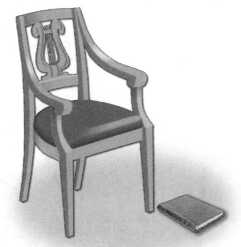

اَلْكِتابُ صَغِيرٌ.

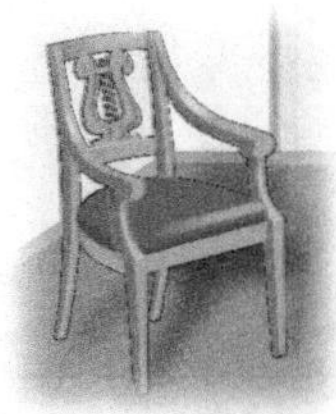

ذٰلِكَ كُرْسِيٌّ.

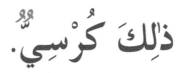

اَلْكُرْسِيُّ كَبِيرٌ.

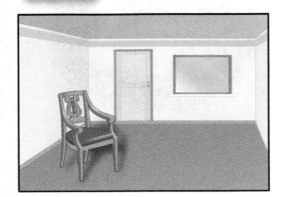

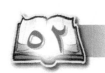

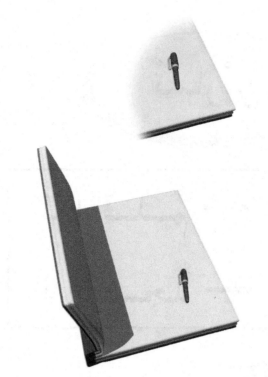

ما هٰذا؟

هٰذا قَلَمٌ.

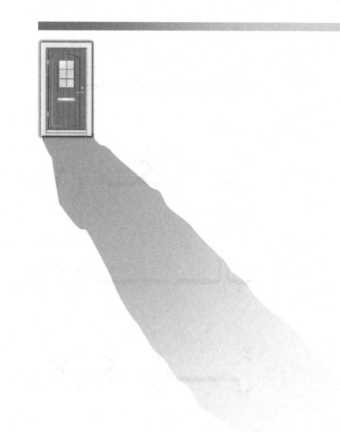

اَلْقَلَمُ صَغِيرٌ.

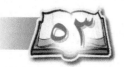

أَبابٌ ذٰلِكَ؟

نَعَمْ، ذٰلِكَ بابٌ.

اَلْبابُ صَغِيرٌ.

تَمارِيْنُ

الْ + قلمٌ ← الْقلمُ

الْ + مسجدٌ ← الْمسجدُ

١ أُكْتُبْ (أُكْتُبِي) هٰذِهِ الْأَسْماءَ بِـ«اَلْ» :

- بَيْتٌ ← الْبَيْتُ

(١) مَكْتَبٌ ← ______

(٢) بابٌ ← ______

(٣) كُرْسِيٌّ ← ______

(٤) قَلَمٌ وَكِتابٌ ← ______

٢ اِقْرَأْ (اِقْرَئِي) الْجُمَلَ مُسْتَعْمِلاً الصُّوَرَ كَما فِي الْمِثالِ :

هٰذا كِتابٌ.   الْكِتابُ صَغِيرٌ.

(١) هٰذا _____ . _____ كَبِيرٌ.

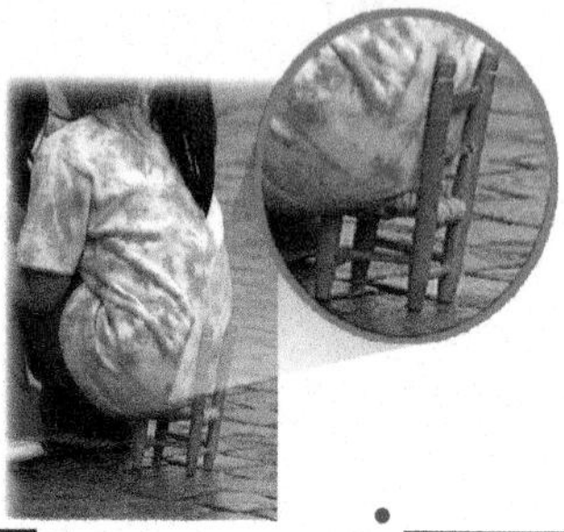

(٢) ذٰلِكَ _____ . _____ صَغِيرٌ.

(٣) هٰذا _____ . _____ كَبِيرٌ.

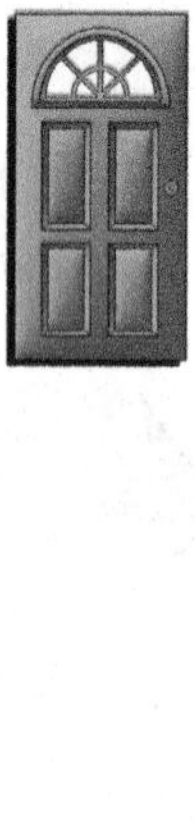

(٤) ذٰلِكَ _____ . _____ صَغِيرٌ.

(ب)

هٰذِهِ بَقَرَةٌ.

الْبَقَرَةُ كَبِيرَةٌ.

وَما ذٰلِكَ؟

ذٰلِكَ مَكْتَبٌ.

الْمَكْتَبُ صَغِيرٌ.

أَبَطَّةٌ تِلْكَ؟

نَعَمْ، تِلْكَ بَطَّةٌ.

وَالْبَطَّةُ كَبِيرَةٌ.

تَمارِينُ

١ أُكْتُبْ (أُكْتُبِي) هٰذِهِ الْأَسْمَاءَ بِـ«اَلْ» :

(١) بَقَرَةٌ ← ________________

(٢) مَكْتَبٌ ← ________________

(٣) بَيْتٌ وَبَابٌ ← ________________

(٤) كِتابٌ وَقَلَمٌ ← ________________

(٥) بَطَّةٌ وَقِطٌّ ← ________________

(٦) بابٌ وَبَيْتٌ ← ________________

٢ ٱقْرَأْ (ٱقْرَئِي) الْجُمَلَ مُسْتَعْمِلاً الصُّوَرَ :

(١) هٰذا ________. ________ صَغِيرٌ.

(٢) تِلْكَ ________. ________ كَبِيرَةٌ.

(٣) هٰذِهِ ________. ________ صَغِيرَةٌ.

(٤) هٰـذا ________. ________ صَغِيرٌ.

(٥) ذٰلِكَ ________. ________ كَبِيرٌ.

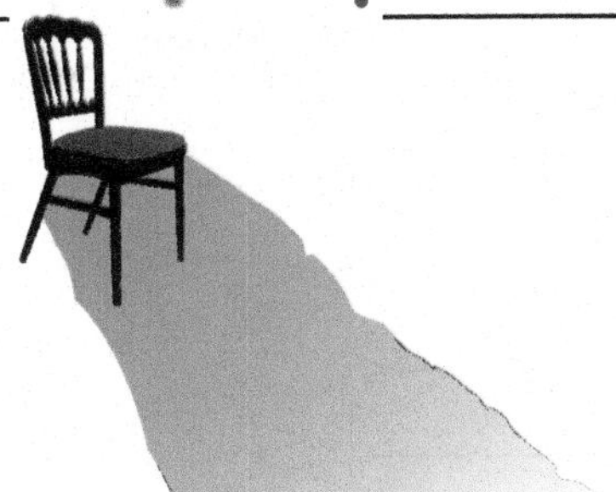

٣ ضَعْ (ضَعِي) «هٰـذا» أَوْ «هٰـذِهِ» فِي كُلِّ فَراغٍ :

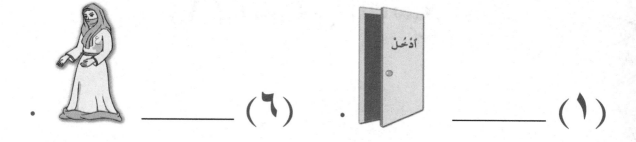

(١) ________

.

(٢) ________ .

(٣) ________ .

(٤) ________ .

(٥) ________ .

(٦) ________ .

(٧) ________ .

(٨) ________ .

(٩) ________ .

(١٠) ________ .

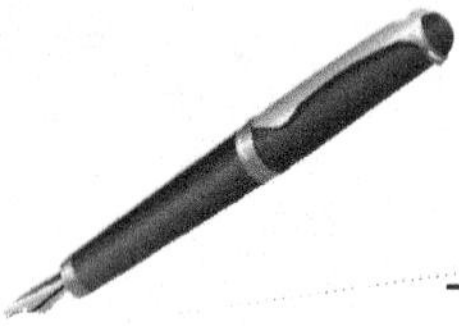

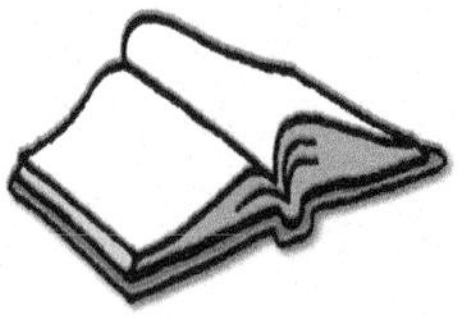

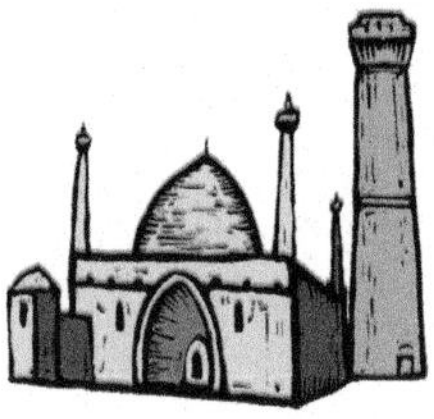

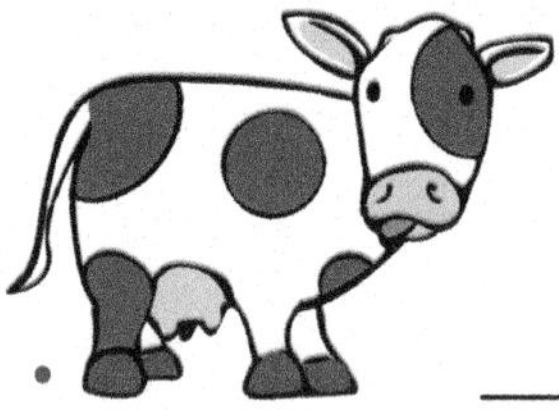

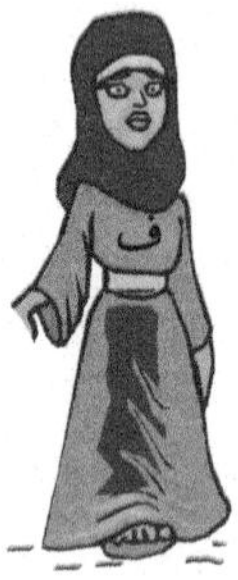

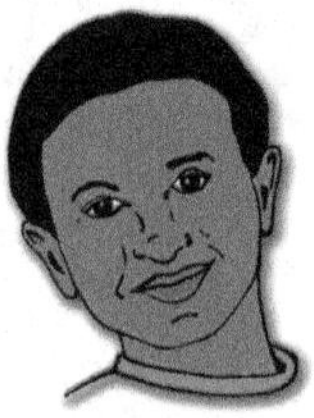

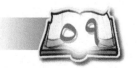

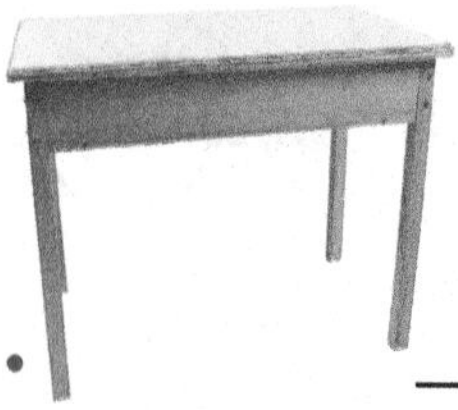

(٩) الدَّرْسُ التَّاسِعُ

ما هٰذا؟ هٰذا قِطٌّ.

وَما هٰذِهِ؟ هٰذِهِ حَقِيْبَةٌ.

تِلْكَ كُرَةٌ. الْكُرَةُ صَغِيرَةٌ.

وَذٰلِكَ حِصانٌ. الْحِصانُ كَبِيرٌ.

تَمارِيْنُ

١ اِقْرَأْ (اِقْرَئِي) كَما فِي الْمِثـــالِ :

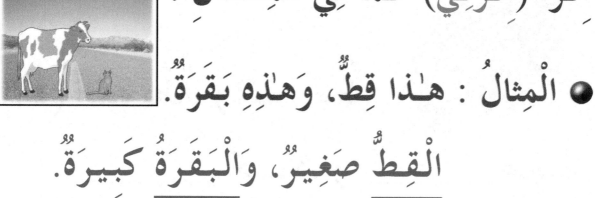

● الْمِثالُ : هٰـذا قِطٌّ، وَهٰـذِهِ بَقَرَةٌ.

الْقِطُّ صَغِيرٌ، وَالْبَقَرَةُ كَبِيرَةٌ.

(١) هٰـذا بَيْتٌ، وَذٰلِكَ مَسْجِدٌ.

______ كَبِيرٌ، وَ______ صَغِيرٌ.

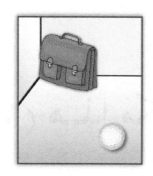

(٢) هٰـذِهِ كُرَةٌ، وَتِلْكَ حَقِيبَةٌ.

______ صَغِيرَةٌ، وَ______ كَبِيرَةٌ.

(٣) هٰذا بابٌ، وَذٰلِكَ قَلَمٌ.

________ كَبيرٌ، وَ________ صَغِيرٌ.

(٤) هٰذِهِ بَطَّةٌ، وَذٰلِكَ قِطٌّ.

________ كَبيرَةٌ، وَ________ صَغِيرٌ.

(٥) ذٰلِكَ كُرْسِيٌّ، وَتِلْكَ بَقَرَةٌ.

________ صَغِيرٌ، وَ________ كَبيرَةٌ.

(٦) هٰذا مَكْتَبٌ، وَذٰلِكَ حِصانٌ.

________ كَبيرٌ، وَ________ صَغِيرٌ.

٢ ما هٰذا؟ / ما هٰذِهِ؟

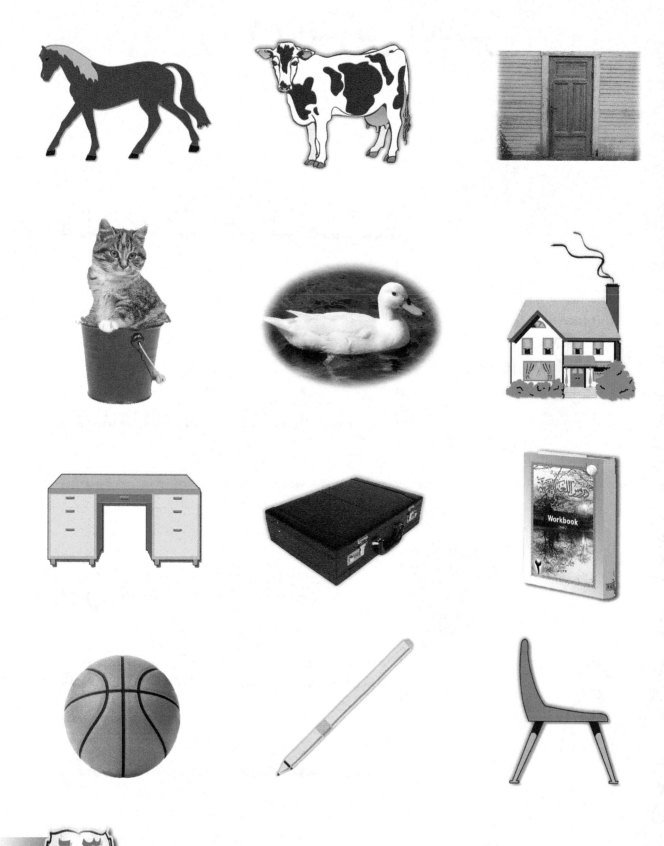

(١٠) الدَّرْسُ الْعاشِرُ

هٰذا عارِفٌ. عارِفٌ طَبِيْبٌ.

وَهٰذِهِ فاطِمَةُ. فاطِمَةُ مُدَرِّسَةٌ.

مَنْ هٰذا، وَمَنْ تِلْكَ؟

هٰذا مُحَمَّدٌ. مُحَمَّدٌ مُدَرِّسٌ.

وَتِلْكَ آمِنَةُ. آمِنَةُ طَبِيْبَةٌ.

تَمارِيْنُ

١ كَوِّنْ (كَوِّنِي) جُملاً بِمَلْءِ الْفَراغِ كَما فِي الْمِثالَيْنِ :

● هٰذا مُحَمَّدٌ. مُحَمَّدٌ طَبِيبٌ.

● هٰذِهِ عائِشَةُ. عائِشَةُ مُدَرِّسَةٌ.

(١) ______ خالِدٌ. ______ ______.

(٢) ______ آمِنَةُ. ______ ______.

(٣) ______ فاطِمَةُ. ______ ______.

= طَبِيْبٌ / طَبِيْبَةٌ = مُدَرِّسٌ / مُدَرِّسَةٌ

(٤) ________ عارِفٌ. ____________ ____________.

(٥) ________ عائِشَةُ. ____________ ____________.

(٦) ________ مُحَمَّدٌ. ____________ ____________.

(٧) ________ آمِنَـةُ. ____________ ____________.

(٨) ________ خالِـدٌ. ____________ ____________.

(٩) ________ عارِفٌ. ____________ ____________.

= طَبِيْبٌ / طَبِيْبَةٌ = مُدَرِّسٌ / مُدَرِّسَةٌ

٢ أَجِبْ (أَجِيبِي) عَنِ الْأَسْئِلَةِ الْآتِيَةِ بِـ«نَعَمْ» أَوْ بِـ«لا» كَما فِي الْمِثالِ :

● الْمِثالُ : أَحِصانٌ هٰـذا؟

نَعَمْ، هٰـذا حِصانٌ.

(١) أَبَقَرَةٌ تِلْكَ؟

(٢) أَطَبِيبٌ ذٰلِكَ؟

(٣) أَفاطِمَةُ هٰـذِهِ؟

 (٤) وَهٰذِهِ، أَمُدَرِّسَةٌ هٰذِهِ؟

 (٥) وَهٰذِهِ، أَكُرَةٌ هٰذِهِ؟

---

 (٦) أَكُرْسِيٌّ ذٰلِكَ؟

---

 (٧) أَبَطَّةٌ هٰذِهِ؟

 (٨) أَطَبِيْبَةٌ تِلْكَ؟

(٩) أَقِطٌّ هٰذا؟

(١٠) هٰذِهِ، أَبَقَرَةٌ هٰذِهِ؟!

(١١) أَكِتابٌ ذٰلِكَ؟

(١٢) أَبَقَرَةٌ تِلْكَ؟

(١٣) وَهٰذا، أَحِصانٌ هٰذا؟!

٣ ضَعْ (ضَعِي) «ما» أَوْ «مَنْ» فِي كُلِّ فَراغٍ :

(١) ____ هٰذا؟ هٰذا مُحَمَّدٌ.

(٢) ____ تِلْكَ؟ تِلْكَ حَقِيبَةٌ.

(٣) ____ هٰذا، وَ____ ذٰلِكَ؟

هٰذا كُرْسِيٌّ، وَذٰلِكَ قَلَمٌ.

(٤) وَ____ هٰذِهِ؟ أَفاطِمَةُ هٰذِهِ؟

لا، هٰذِهِ آمِنَةُ.

(٥) وَ____ تِلْكَ؟

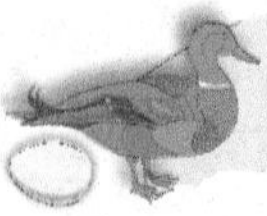

تِلْكَ بَطَّةٌ. الْبَطَّةُ صَغِيرَةٌ.

(٦) ____ ذٰلِكَ؟ أَبَابٌ ذٰلِكَ؟

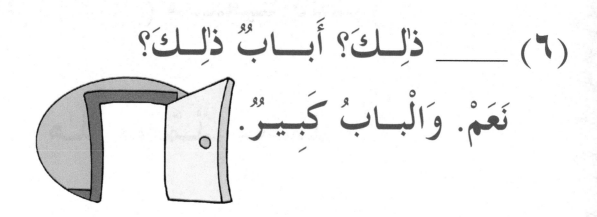

نَعَمْ. وَالْبَابُ كَبِيرٌ.

(٧) وَ____ ذٰلِكَ؟ أَطَبِيبٌ ذٰلِكَ؟

لا، ذٰلِكَ مُدَرِّسٌ.

(٨) ____ هٰذا، وَ____ تِلْكَ؟ هٰذا حِصانٌ،

وَتِلْكَ كُرَةٌ.

(١١) الدَّرْسُ الْحادِي عَشَرَ

١ اِقْرَأْ (اِقْرَئِي) مُسْتَعِينًا بِالصُّوَرِ :

(١) هٰذا مُحَمَّدٌ. مُحَمَّدٌ .

(٢) الْـ كَبِيرٌ، وَالْـ صَغِيرٌ.

(٣) ما ذٰلِكَ؟ أَ ذٰلِكَ؟ نَعَمْ، ذٰلِكَ .

(٤) هٰذِهِ

ف

.

ف

كَبِيرَةٌ.

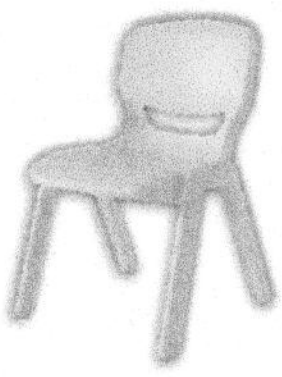

(٥) ما هٰذا، وَما ذٰلِكَ؟ هٰذا ، وَذٰلكَ .

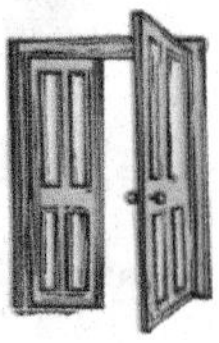

(٦) مَنْ تِلْكَ؟ تِلْـكَ . .

(٧) وَمَنْ هٰـذا؟ هٰـذا .

أَ ؟ لا، .

كَبِيرٌ.

(٨) هٰـذِهِ

، وَتِلْكَ .

الْـ

كَبِيرَةٌ، وَالْـ صَغِيرَةٌ.

(٩) أَكَبِيرٌ ؟ لا، صَغِيرٌ.

(١٠) الْـ كَبِيرٌ، وَالْـ صَغِيرٌ.

(١١) هٰذِهِ . .

أَ كَبِيرَةٌ ؟

لا، صَغِيرَةٌ.

(١٢) ما تِلْكَ؟ تِلْكَ .

تِلْكَ كَبِيرَةٌ.

(١٣) هٰذِهِ 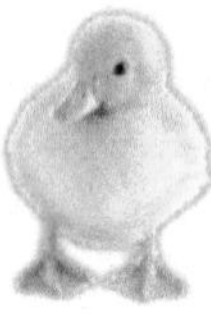 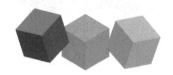 ، وَذٰلِكَ ⬛ .

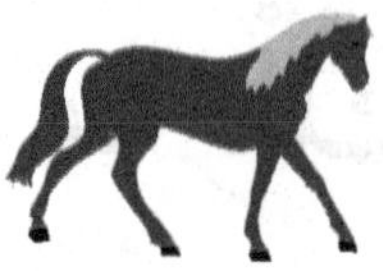

(١٤) أَ⬛ هٰذا؟   نَعَمْ، هٰذا ⬛ . 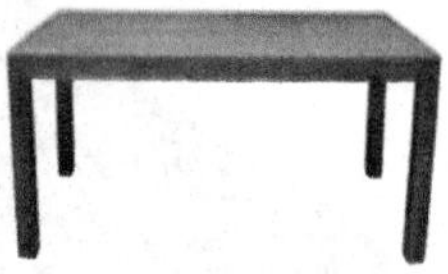
الْ⬛ كَبِيرٌ.

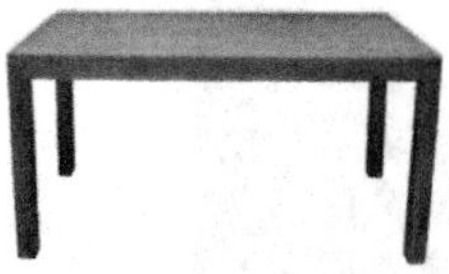

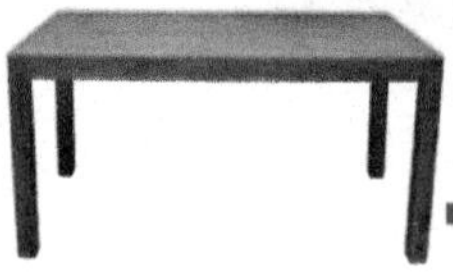

(١٥) أَ🏠 هٰذا؟   لا، هٰذا 🕌 .

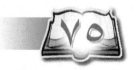

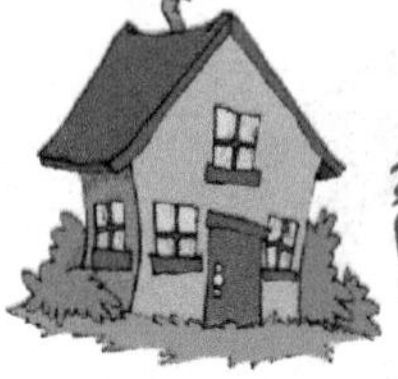

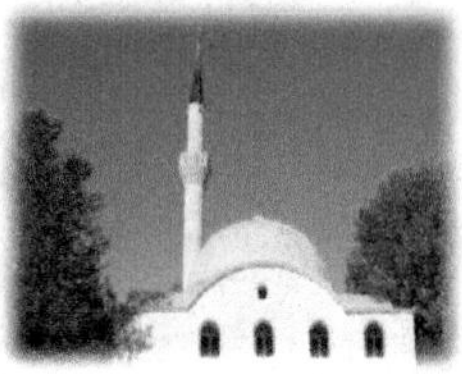

٢ ما ذٰلِكَ؟ / ما تِلْكَ؟

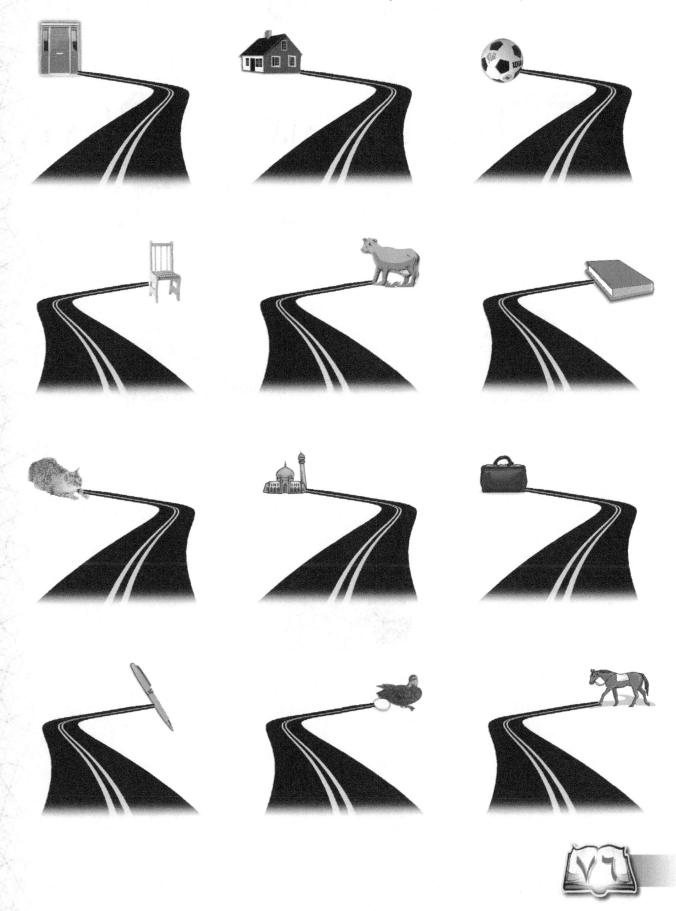

٣ مَنْ هٰذا؟ / مَنْ هٰذِهِ؟

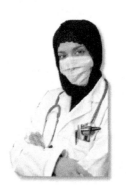 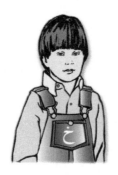 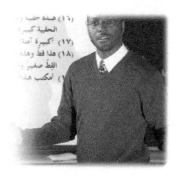

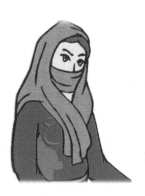 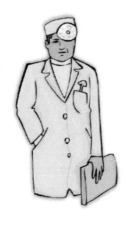 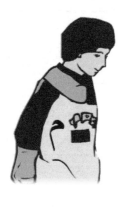

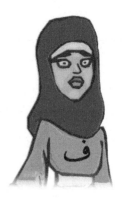 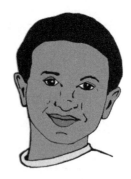 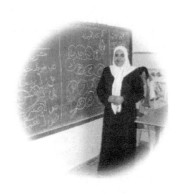

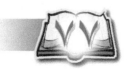

الْإِمْلاء / Dictation

كَلِماتُ الْكِتابِ[1]

(١) : هٰـذا ○ بَيْتٌ ○ مَسْجِدٌ ○ ما...؟ ○ وَ

(٢) : كِتابٌ ○ قَلَمٌ

(٣) : أَ...؟ ○ نَعَمْ ○ لا

(٤) : ذٰلِكَ

(٥) : هٰذِهِ ○ فاطِمَةُ ○ مَنْ...؟ ○ خالِدٌ ○ آمِنَةُ ○ مُحَمَّدٌ

(٦) : عائِشَةُ ○ تِلْكَ ○ عارِفٌ

(٧) : مَكْتَبٌ ○ كُرْسِيٌّ ○ بَطَّةٌ ○ بَقَرَةٌ

(٨) : (ال) ○ صَغِيرٌ ○ كَبِيرٌ ○ بابٌ

(٩) : قِطٌّ ○ كُرَةٌ ○ حَقِيبَةٌ ○ صَغِيرَةٌ ○ حِصانٌ ○ كَبِيرَةٌ

(١٠) : طَبِيبٌ ○ مُدَرِّسَةٌ ○ مُدَرِّسٌ ○ طَبِيبَةٌ

(١١) — — —

---

(١) عَدَدُها سِتٌّ وَثَلاثُونَ كَلِمَةً.

كتابي هٰذا إنّما هو تَقْلِيدُ كتابِ الدُّكْتورِ ف. عبْدِ الرّحيم بالْاسْم نَفْسِه.

جعلْتُ الكتابَ على نَمَطِ كتابِه غيرَ أنّيْ طَبّقْتُ ما يلي ذِكْرُه مُراعِيًا مُسْتوىٰ الْمُبْتدِئِيْنَ :

- ٱجتنبتُ كلَّ ما لا يرتفِعُ من الْاسْمِ ٱجتِنابَ الطفْلِ الدَّواءَ!
- لَمْ أذكُرْ فيهِ ما أَوَّلُه حَرْفٌ شَمْسِيٌّ إلاّ (طبيب).
- لَم أَزِدْ عن أكثرَ مِن سِتَّةِ أَسْطُرٍ في صَفْحَةٍ.
- جعلْتُ الصَّفْحَتَين الأخيرتَين لِيُمْلِيَ المدرّسُ على الطلاّب جُمَلاً لِيَكْتُبُوها.
- كَبَّرْتُ حَرْفَ الكتاب تيسيرًا لِلْقراءَةِ.

يَقْرَأُ الْمُدرِّسُ الكتابَ ثلاثًا. في القراءَةِ الْأُوْلىٰ لا يكتبُ التِّلْمِيذُ شيئًا وإنّما يَحُلُّ التَّمارِيْنَ شَفويًّا. وفي الثانية يَحُلُّ تَحْرِيرِيًّا نَصْفَ صَفْحَةٍ مِمّا في الْكتابِ مِنَ التّمارِينِ، وفي الْقِراءةِ الثالثةِ يُكْمِلُ بَقِيَّةَ التَّمارِينِ.

هذا العَهْد الْأَوّلُ يَتعلّمُ اللُّغةَ العربيّة، فمَهْلاً.

راجِعْ كتاب المعلّم بالإِنْكليزيّة بِمُدوَّنَتِي.

أخيرًا، الشُّكر والحمدُ أوّلا وآخِرًا لله ربِّ العالمينَ، ثمّ لِلدُّكتور لِجُهْدِه الْجَهِيدِ.

محمد طه عبد الله

تَنْبيهٌ : يُقرأُ «ه» بِالْمَدِّ في مِثْلِ : هٰذِهِ آمِنَةُ. ← هٰذِهِي آمِنَةُ.

About The Author

Muhammad Taha Abdullah is an American convert to Islam since 1989. He studied at the Islamic University of Medinah, Saudi Arabia in the early 1990's. He is forty-four years old, married, has nine children and resides in Malaysia. He has been teaching Arabic for almost twenty years, and has written over 25 books related to Dr V. Abdur Rahim's revolutionary books and methodology.

About The Reviser

Dr V. Abdur Rahim is an outstanding scholar of Arabic Language. He was Professor of Arabic for 30 years at the world renowned Islamic University, Medinah, Saudi Arabia, and has been teaching Arabic to non-native speakers for 50 years. He is currently the director of the Translation Centre at the King Fahd Qur'an Printing Complex.

How This Book Was Made

This book was created with Microsoft Word 2007. Adobe Illustrator and Photoshop (Middle Eastern versions) were used for the drawings, illustrations and pictures which were then inserted into Word. The Word document was converted into a PDF using Adobe Acrobat Pro version 9.0.

Only Traditional Arabic Bold (مِثْلُ هـٰذا) was used which I've modified using a font creator program; **bold dark blue** for captions, **bold pink** for feminine verbs, **bold purple** for text, and **bold brown** for examples. Font size begins at 70, and ends at 36.

For page numbers I've used Simplified Arabic (١ ٢ ٣), as I've found it to be a bit easier to distinguish.

Please visit our websites :

www.DrVaniya.com   **www.Taha-Arabic.com**

Books By Muhammad Taha Abdullah and Dr V. Abdur Rahim :

9 789670 428017